Origami
Papierfalttechnik

Elke Gebhardt

ORIGAMI
Papierfalttechnik

ENGLISCH VERLAG

CIP-Kurztitelaufnahme der Deutschen Bibliothek

Gebhardt, Elke:
Origami Papierfalttechnik/Elke Gebhardt. —
Wiesbaden: Englisch, 1987, 4. Aufl. 1989

ISBN 3-88140-294-2

Die Ratschläge in diesem Buch sind von der Autorin und dem Verlag sorgfältig erwogen und geprüft, dennoch kann
eine Garantie nicht übernommen werden. Eine Haftung der Autorin bzw. des Verlages und seiner
Beauftragten für Personen-, Sach- und Vermögensschäden ist ausgeschlossen.

Inhaltsverzeichnis

Vorwort

Origami, die japanische Kunst des Papierfaltens, ist ein Spiel mit der Verwandlung: aus einem unscheinbaren Stück Papier entsteht ein stolzer Pfau, ein Quadrat nimmt die Gestalt eines Würfels oder eines Windrades an, aus einer Folie formen sich die Blütenblätter einer Seerose.

Wenige Werkzeuge und die Beherrschung einiger Grundtechniken reichen aus, um bereits zauberhafte „Kunststücke" vollbringen zu können. Die Anwendungsmöglichkeiten sind dabei ebenso vielfältig wie die Formen und Figuren und die jeweiligen Schwierigkeitsgrade, die von einfachen Strukturen bis zu komplizierten Faltgebilden reichen. Dieses Buch soll Ihnen die grundlegenden Kenntnisse und Falttechniken vermitteln, einige Beispiele mit Anleitungen vorstellen und Anregungen für individuelle Gestaltungen geben. Ob Sie bekannte Figuren nachfalten, einzelne Teile variieren oder sich neue und individuelle Kreationen ausdenken, bleibt Ihrem Ehrgeiz und Ihrer Phantasie überlassen. Origami läßt sich nach dem Vorbild japanischer Traditionen, aber auch als spielerisches Vergnügen für Kinder und Erwachsene betreiben. Papierfalten ist eine im wahrsten Sinne des Wortes „vielfältige" Kunst.

Elke Gebhardt

Origami – Tradition und Zukunft

Lange vor jener Zeit, als in Europa die ersten Papiermühlen gegründet wurden, ist in asiatischen Ländern bereits Papier produziert worden. Der Überlieferung nach gilt der chinesische Hofbeamte Ts'ai Lun als Erfinder der Papiergewinnung. Ob er wirklich im Jahre 105 n. Chr. das Herstellungsverfahren in einem Bericht an den Kaiser erwähnt hat, ist zwar historisch umstritten, sicher ist jedoch, daß bereits wenige Jahrhunderte später die Kunst des Papiermachens über Chinas Grenzen hinaus bekannt war und bis zum 9. Jahrhundert auch in Japan zunehmend Verbreitung fand.

Da Papier ein ebenso begehrtes wie kostbares Material war, wurde es nicht nur zum Beschreiben und Bemalen, sondern auch als Schmuck zu festlichen Anlässen verwendet. Bei religiösen Opfern und Zeremonien wurden kunstvoll gefaltete Ornamente und Figuren aufgestellt, die von shintoistischen Priestern nach genau festgelegten rituellen Regeln angefertigt worden waren. Auf diesen Anfängen der Faltkunst basieren auch einige der Grundelemente und Prinzipien des heutigen Origami. Aus einer quadratischen Papierfläche entstehen geometrische Formen und plastische Körper,

die meist achsensymmetrisch sind und ursprünglich nur durch Falten und ohne Schneiden und Kleben ihre jeweilige Gestalt erhielten. Ebenso traditionsreich wie die Faltanweisungen sind auch einige symbolische Figuren (Kranich, Samurai-Helm, Boot u. a. m.), die sich bis in die Gegenwart erhalten haben. Mit der wachsenden Bedeutung, die das Papier in der Kultur und im Alltagsleben Japans erlangte, entwickelten sich auch weitere Verwendungs- und Gestaltungsmöglichkeiten, wobei die Falttechnik sich mit der Zeit von den formalisierten Vorbildern löste, ohne die Tradition zu verleugnen. Es gibt Hinweise darauf, daß schon vor Jahrhunderten kleine Faltarbeiten zur Dekoration verwendet wurden, als Glücksbringer und Beigabe zu Geschenken (noshi) sind sie bis heute beliebt. Das Anfertigen von Origami-Arbeiten wird in Japan von Kindern als Spiel, von Erwachsenen als Freizeitbeschäftigung und von einigen Künstlern sogar als spezielle Kunstform betrieben. Seit einiger Zeit begeistern sich auch in den USA, wo es bereits viele Origami-Clubs und ein Origami-Zentrum gibt, und in europäischen Ländern immer mehr Menschen für diese kreative Beschäftigung, die eine jahrhundertealte Vergangenheit hat und sicher auch in Zukunft viele Anhänger finden wird, denn solange es Papier und Phantasie gibt, wird sich auch Origami entfalten können.

Material und Werkzeug

Die Freude, die eine Beschäftigung mit Origami vermitteln kann, beginnt bereits beim Aussuchen des geeigneten Papiers für die jeweilige Figur.

In Papierhandlungen und in den Fachabteilungen von Kaufhäusern steht eine bunte und vielfältige Palette von Geschenkpapieren in vielen Farben und Mustern zur Auswahl.

Neben speziellem Origami-Faltpapier lassen sich viele andere Papiersorten verwenden, wenn sie reißfest sind. Dabei ist zu berücksichtigen, daß auch dünnes Papier geeignet sein kann und bei kleinen Figuren mit vielen Faltungen sogar vorteilhaft ist, wenn es mit entsprechendem Fingerspitzengefühl behandelt wird.

Obwohl Papier das traditionelle Material für Origami-Arbeiten ist, lassen sich auch andere Stoffe bearbeiten. Ein Beispiel hierfür ist Alufolie, mit der sich die Formen besonders schön modellieren lassen, und die durch ihre Biegsamkeit und ihren Metallglanz reizvolle Effekte ermöglicht. Die Größe der Faltblätter ist an keine strikte

Norm gebunden, es empfiehlt sich jedoch, am Anfang kleine Blattgrößen zu wählen, da hiermit die ersten Übungsschritte leichter zu erlernen sind.

Ein besonderer Vorzug des Papierfaltens ist der geringe Bedarf an Hilfsmitteln und Werkzeugen. Eine Schere und ein Lineal sind meist schon vorhanden, wenn Sie sich hierzu zusätzlich in einem Fachgeschäft ein Falzbein zum besseren Glattstreichen und Stabilisieren der Faltungen besorgen, haben Sie schon fast eine komplette Ausrüstung.

Bevor Sie nun die ersten Figuren in Angriff nehmen, sollten Sie sich eine Weile mit den nachfolgend beschriebenen Grundfaltungen beschäftigen. Wenn Sie mit diesen Ausgangsformen erst einmal vertraut sind, können Sie sie zu neuen Figuren kombinieren und sich später auch an kompliziertere Formen wagen. Bis dahin kommt es darauf an, daß bei den Faltarbeiten nicht nur das Papier, sondern auch der zukünftige Origami-Künstler geduldig ist.

Grundbegriffe der Falttechnik

Tal- und Bergfalte
Die Talfalte wird nach vorne gefaltet. Sie liegt tief, bildet also ein Tal. Die Bergfalte wird nach hinten gefaltet. Sie liegt im Gegensatz zur Talfalte hoch.

Gegenbruchfalte
Bei einer Gegenbruchfalte wird eine vorhandene Falte in ihrem Bruch um-gekehrt. Dazu wird die Figur teilweise oder ganz geöffnet.

Gegenbruchfalte nach außen
Seiten, die zuvor im Innenteil der Figur lagen, werden nach außen geklappt.

Gegenbruchfalte nach innen
Außen liegende Teile werden nach in-nen gebracht.

Grundfaltungen
Die folgenden Grundfaltungen bilden die Ausgangsform für viele Figuren.

Grundform 1
1. Talfalten in den Mittelbrüchen fal-ten und wieder öffnen.
2. Alle vier Ecken durch Talfalten zum Mittelpunkt bringen.

Grundform 2

1. Mittelbruch entlang der Diagonalen.
2. Rechte untere Spitze zur oberen Spitze des Dreiecks falten.
3. Linke untere Spitze zur oberen Spitze falten.

Grundform 3

1. Bergfalten in den Diagonalbrüchen legen und wieder öffnen.
2. Talfalten in den Mittelbrüchen legen und wieder öffnen.
3. Die Ecken werden an zwei Seiten zusammengelegt, wobei die jeweilige Mittelbruchfalte in die Figur eingeschlagen wird.
4. Die fertige Grundform.

Grundform 4

1. Talfalten in den Diagonalbrüchen legen und wieder öffnen.
2. Bergfalten in den Mittelbrüchen legen und wieder öffnen.
3. Zwei gegenüberliegende Seitenhalbierende zur Mitte drücken, wobei alle vier Ecken nach unten zeigen.
Die folgenden Faltungen bauen alle auf Grundform 4 auf.

Grundform 4 a

1. Grundform 4.
2. Talfalten in den Seitenflügeln rechts und links legen. Faltung auf der Rückseite wiederholen.
3. Flügel anheben.
4. Flügel auseinanderdrücken.
5. Faltungen an allen Seiten wiederholen.

Grundform 4 b

1. Grundform 4, offene Spitzen liegen unten.
2. Talfalten in den Seitenflügeln rechts und links legen.
3. Untere, innen liegende Spitze herausziehen.
4. Spitze nach oben klappen.
5. Faltung an hinteren Flügel wiederholen.

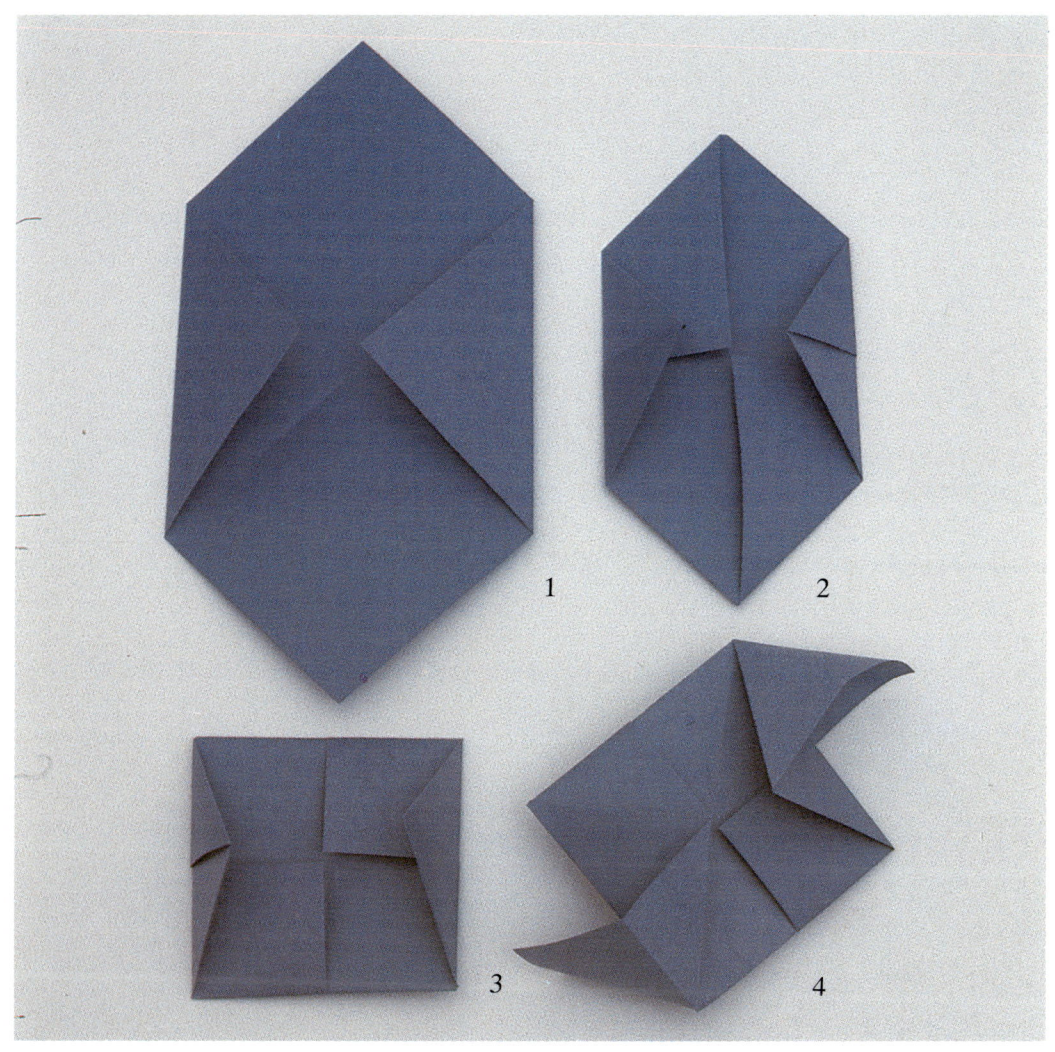

1 Windrad

1. Ausgangsfaltung ist die Grundform 1, wobei zwei sich gegenüberliegende Ecken nach vorne und zwei nach hinten in den Mittelpunkt gefaltet werden.

2. Wiederholung der Faltung: zwei gegenüberliegende Ecken nach vorne,

3. zwei gegenüberliegende Ecken nach hinten.

4. Den Mittelpunkt mit Daumen und Zeigefinger festhalten, und die innenliegenden Spitzen nach außen ziehen.

15

2 Würfel

1. Grundform 2 falten.

2. Äußere Ecken werden über die Mitte auf die obere Spitze des Dreiecks gefaltet. Faltung auf der Rückseite wiederholen.

3. Spitzen rechts und links in Talfalten auf die Mitte bringen.

4. Die beiden oberen Ecken in die entstandenen Taschen stecken und in die Unterseite (Pfeil) kräftig hineinblasen.

5. Zum Schluß die Kanten des fertigen Würfels noch einmal vorsichtig mit zwei Fingern nachziehen.

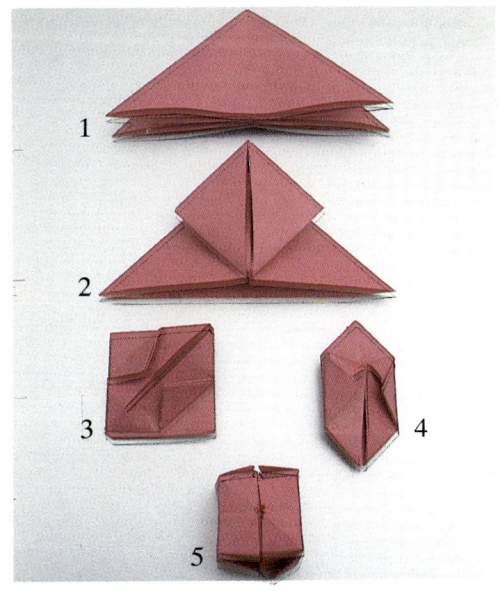

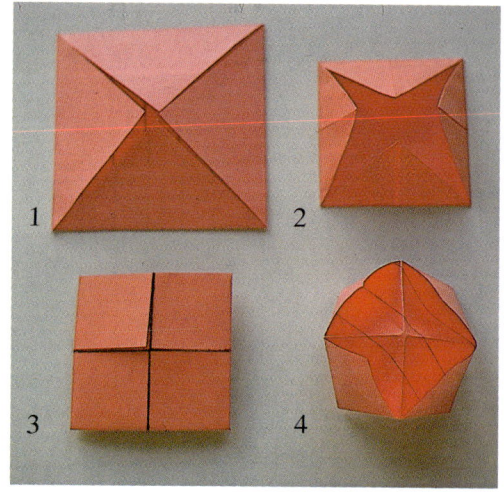

3 Himmel und Hölle

1. Grundfaltung 1 falten.
2. Umdrehen und Faltung wiederholen.
3. Die vier Innentaschen vorsichtig an ihren Spitzen hochziehen.
4. Die fertige Figur.

4 Schmuckschachtel

1. Rechteckiges Stück Papier in der waagerechten und senkrechten Mittellinie vorfalten.
2. Die langen Seiten zur Mitte legen und wieder auffalten.
3. Die schmale Seite zur Mitte falten.
4. Talfalten an den Ecken.
5. Talfalten an den überstehenden Streifen.
6. Seiten auseinanderziehen und Kanten feststreichen.

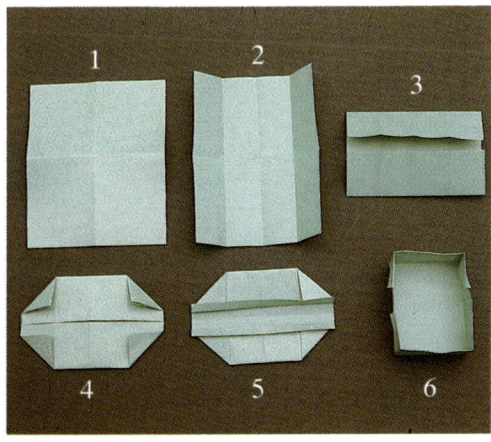

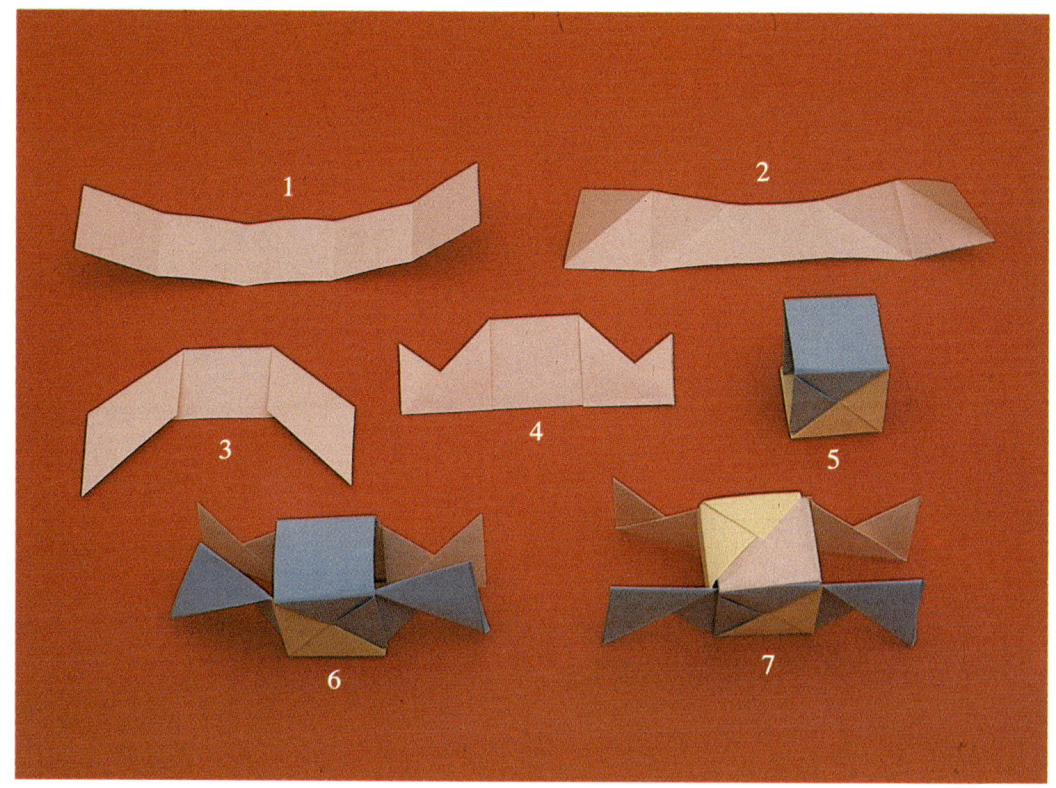

5 Zauberwürfel

Für diesen Zauberwürfel, der nur zu öffnen ist, wenn er ganz aufgefaltet wird, benötigt man sechs verschiedenfarbige rechteckige Papierstreifen. Das Größenverhältnis Breite : Länge sollte 1 : 5 betragen, wobei zur Länge 5 mm hinzugegeben werden. Bei einer Breite von 5 cm sollte der Papierstreifen also 25,5 cm lang sein.

1. Die Rechtecke werden in fünf gleichgroße Quadrate geknickt.

2. Talfalten in den beiden äußeren Quadraten rechts und links legen.

3. Die unten überstehenden Dreiecke werden durch Bergfalten auf die Rückseite gebracht.

4. Seitenteile hochfalten.

5. Zwei Teile werden – wie auf dem Foto abgebildet – zusammengesteckt.

6. Zwei weitere Rechtecke rechts und links einschieben, wobei die äußeren Spitzen bei einem Teil nach oben, bei dem anderen nach unten gerichtet sein sollen.

7. Die letzten beiden Rechtecke über dem Würfel wie bei 5 zusammenstecken. Die offenen Teile schließen.

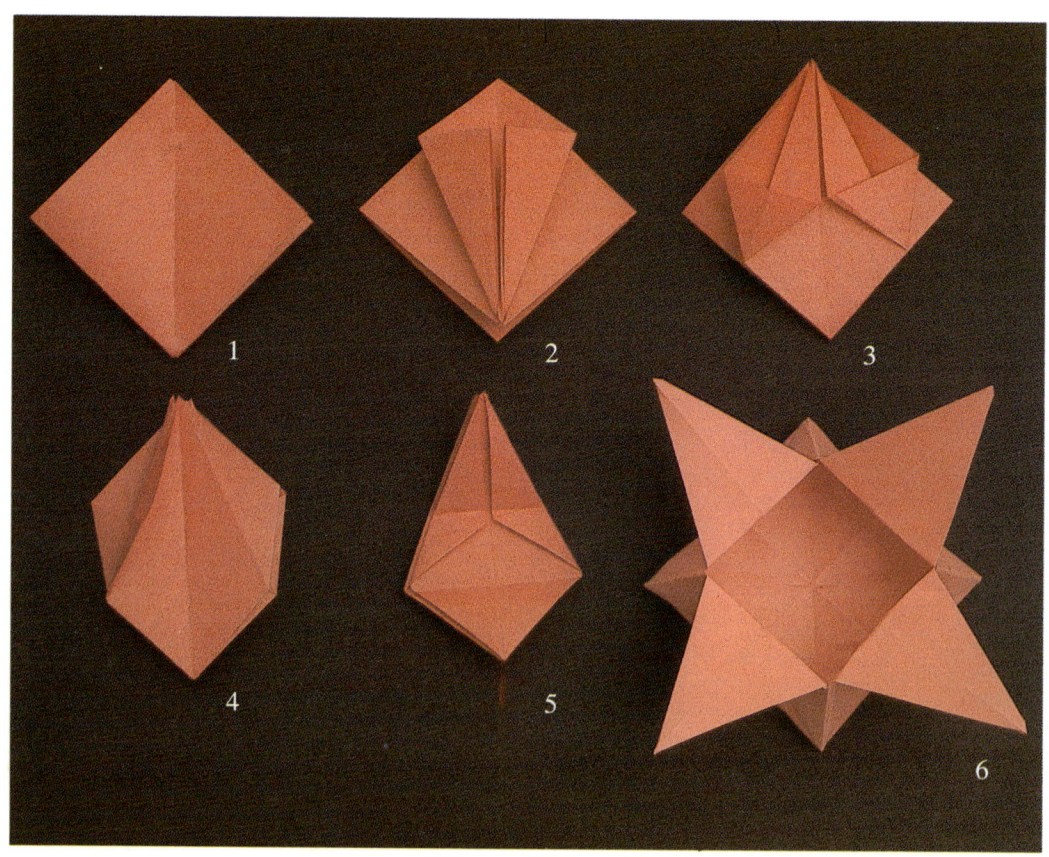

6 Sterndose

1. Mit Grundfaltung 4 beginnen, wobei die offene Seite nach unten zeigt.
2. Seitenflügel zur Mitte falten.
3. Spitzen anheben, öffnen und flachdrücken. An dem anderen Flügel wiederholen.
4. Rechten auf linken und auf der Rückseite linken auf rechten Flügel klappen. Bergfalten vorne und hinten legen.
5. Knicke an den vorgegebenen Stellen anbringen.
6. Durch Auseinanderziehen der Spitzen die Dose öffnen.
Boden herausfalten und Kanten feststreichen.

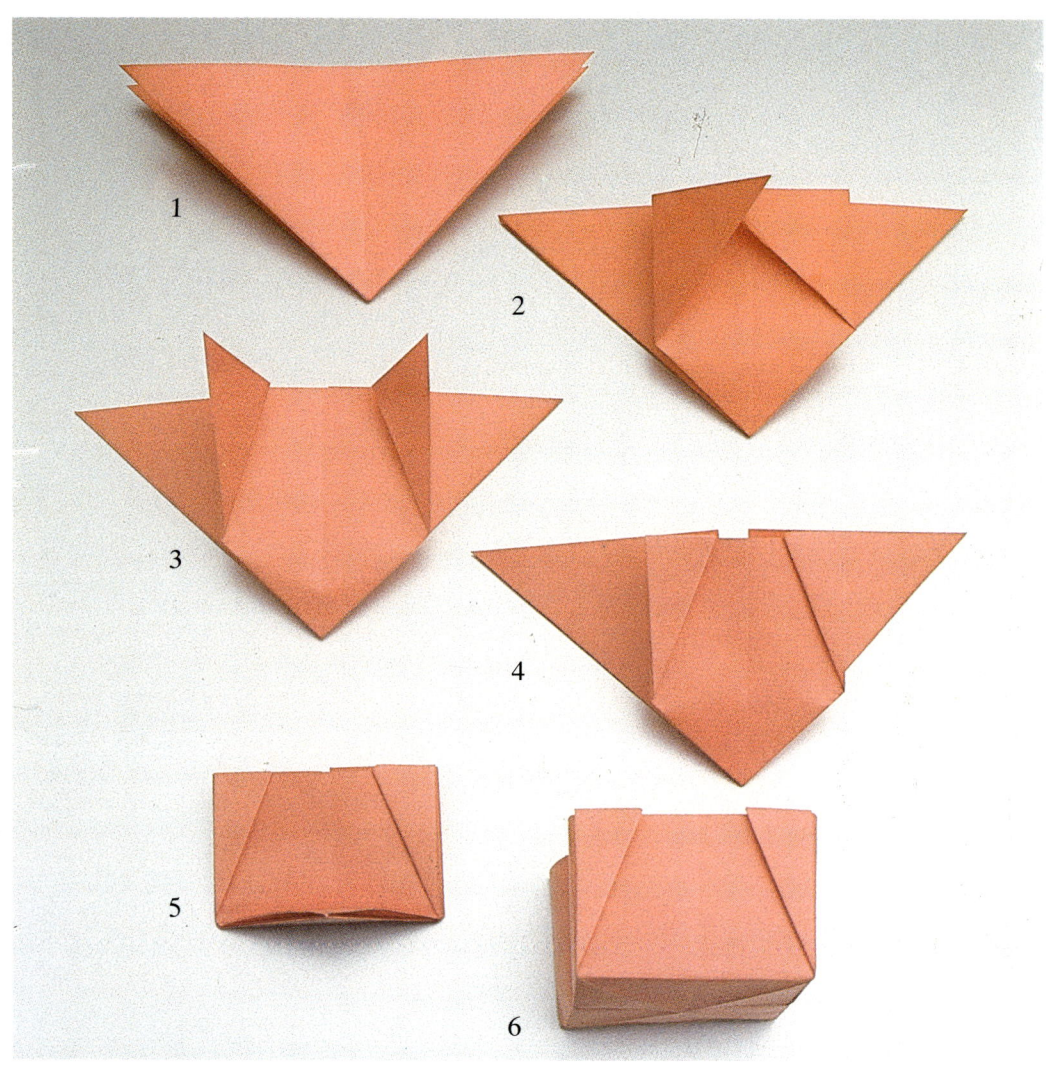

7 Geschenktüte

1. Grundform 3 falten. Offene Seite zeigt nach oben.
2. Rechten und linken Flügel über die Mitte falten.
3. Die Hälfte der Flügel wieder zurückfalten.
4. Überstehende Spitze nach innen falten. Auf der Rückseite Schritt 2 bis 4 wiederholen. Knick an der unteren Spitze anbringen.
5. Boden der Tüte öffnen, Kanten nachstreichen.

8 Samurai-Helm

1. Ausgangsform in der Grundfaltung 2, offene Spitze zeigt nach unten.
2. Rechte und linke Seite über die Mitte nach oben falten.
3. Flügel nach außen falten.
4. Untere Spitze nach oben und an der Mitte nochmals nach oben falten.
5. Schritt 5 an der Rückseite wiederholen, und der Samurai-Helm ist fertig.

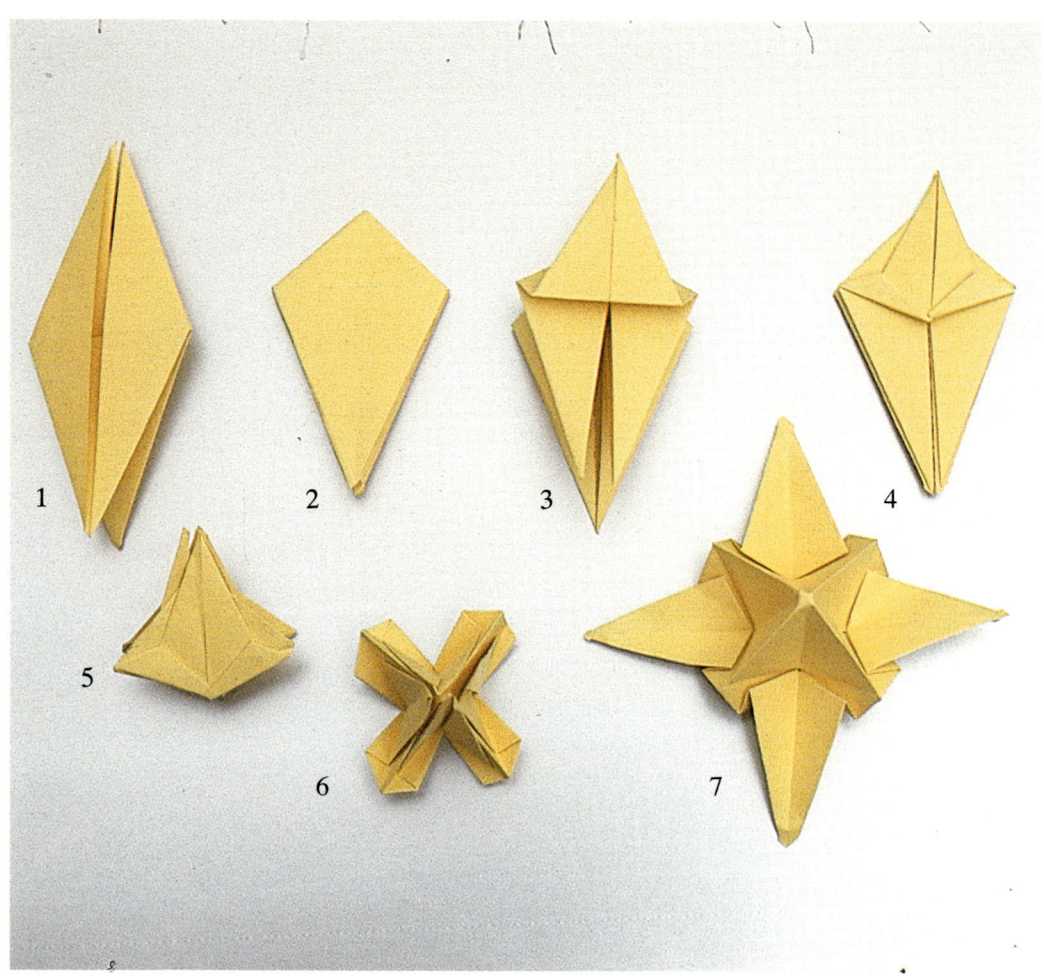

9 Stern

1. Mit Grundfaltung 4 b beginnen, offene Spitzen nach oben legen.
2. Vordere und hintere Flügel über die Mitte nach unten falten.
3. Offene Spitzen so zurückklappen, daß die Flügel von der Spitze des oberen Dreiecks genausoweit entfernt sind wie von der Grundseite.
4. Talfalten in den Ecken legen.
5. Faltungen an den restlichen Flügeln wiederholen.
6. Die oberen Spitzen auseinanderziehen.
7. Der fertige Stern.

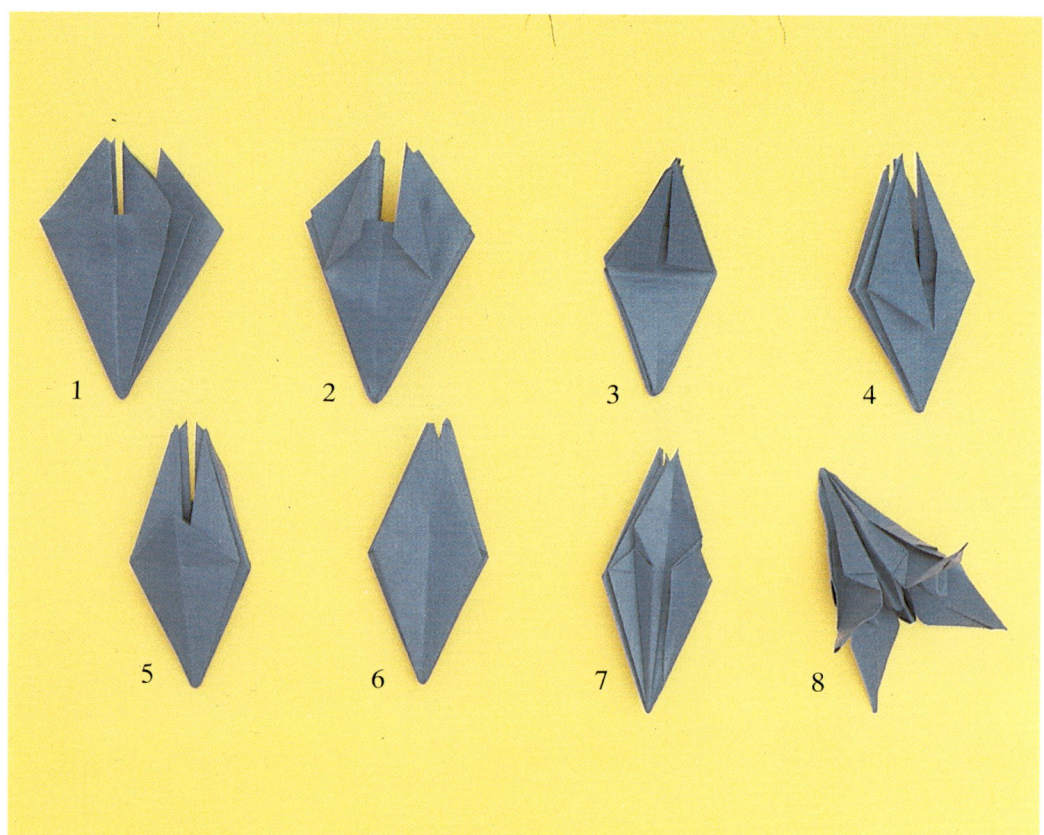

10 Irisblüte

1. Aus einem quadratischen Papier Grundfaltung 4 a falten.
2. Talfalten an allen vier Flügeln legen.
3. Obere auf untere Spitze knicken, wieder öffnen.
4. Die Falten der Flügel leicht öffnen, die Mitte herausziehen und die Ecken so nach unten drücken, daß sich die Papierkanten in der Mitte berühren.

5. Spitze des kleinen Dreiecks nach oben falten.
6. Vordere rechte Flügelhälfte nach links klappen, Figur umdrehen, und Faltung auf der Rückseite wiederholen.
7. Bergfalten links und rechts legen.
8. Die vier offenen Spitzen auseinanderziehen. Die so entstandenen Blütenblätter bekommen, wenn sie über einen Bleistift gerollt werden, eine besonders schöne Form.

11 Seerose

1. Grundform 1 falten.
2. Nochmals alle vier Ecken in die Mitte falten.
3. Vorgang ein drittes Mal durchführen.
4. Die Figur wenden.
5. Die vier Ecken zur Mitte falten.

6. Wenden und die hinteren, im Mittelpunkt liegenden Spitzen vorsichtig über die äußeren Enden ziehen.
7. Es liegen insgesamt acht Spitzen im hinteren Mittelpunkt, die alle auf die andere Seite gezogen werden.

Die Seerose auf Seite 33 besteht aus einzelnen, verschieden großen Blüten, die ineinandergesetzt wurden.

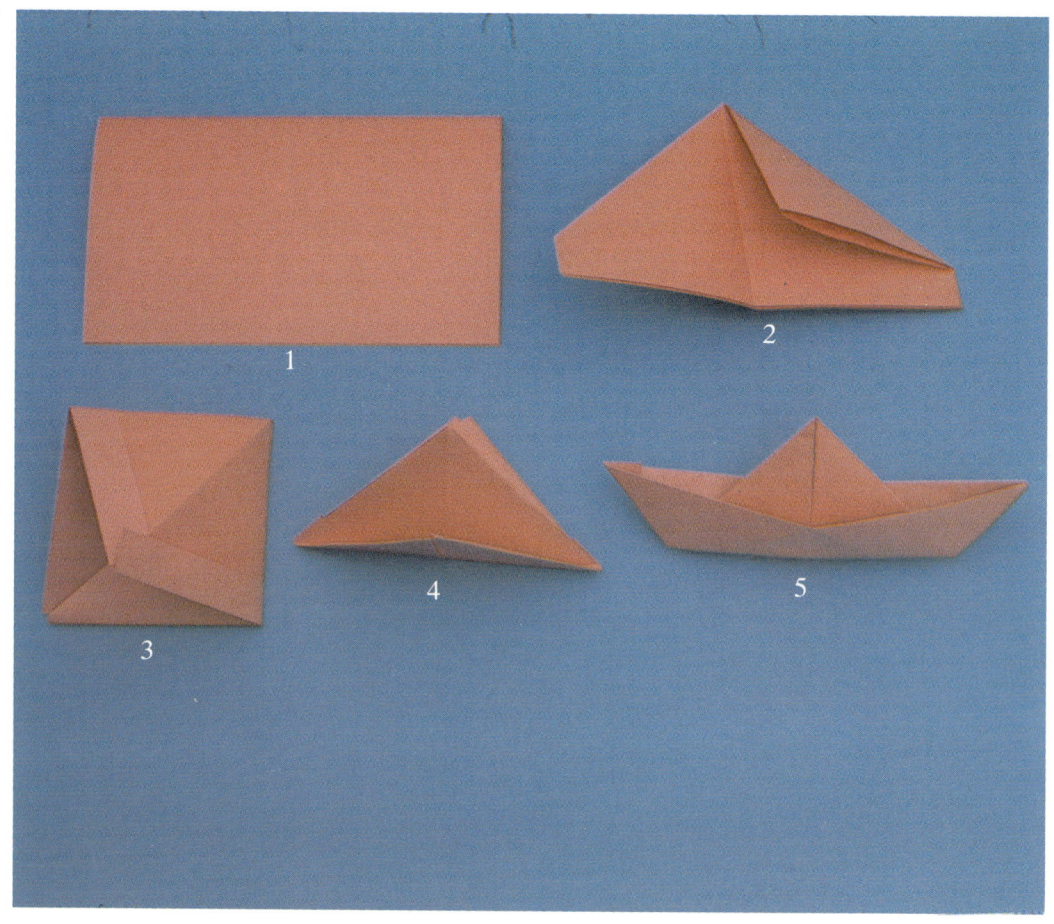

12 Schiffchen

1. Ausgangsform: Rechteck wird in der Länge halbiert.
2. Rechte Hälfte diagonal zur Mitte falten, Blatt umdrehen. Wieder rechte Hälfte diagonal zur Mitte falten. Überstehenden Rand hinten und vorne hochfalten. Es entsteht ein Helm.

3. Die äußeren Spitzen des Helms zur Mitte zusammenbringen. Die Figur wird hierzu leicht geöffnet. Es entsteht ein Quadrat, dessen Spitzen nach unten zeigen.
4. Vordere Spitze über die Mitte auf die obere Ecke falten. Die Figur wenden. Faltung auf der Rückseite wiederholen.

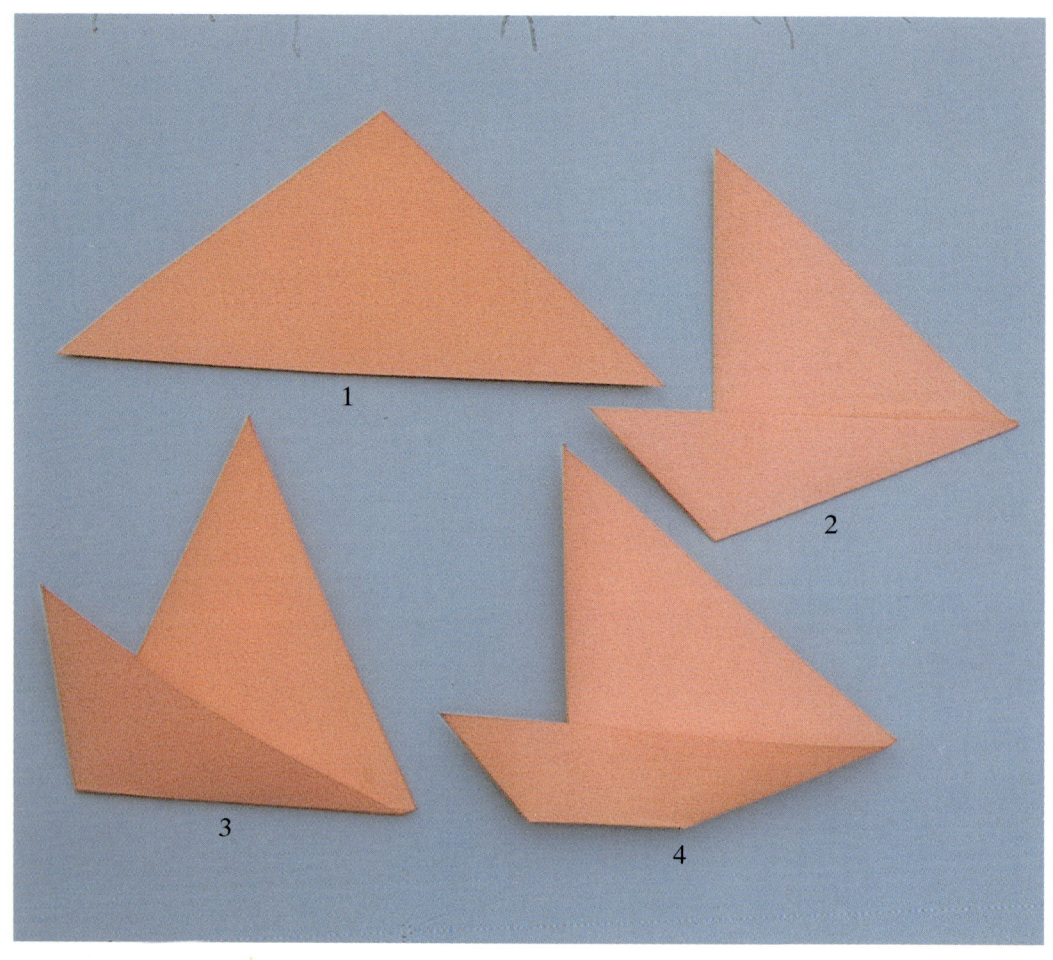

13 Segelboot

1. Quadratisches Papier diagonal in der Mitte falten.

2. Wie in der Abbildung zu sehen, falten und Falte wieder öffnen.

3. Gegenbruchfalte nach außen legen.

4. Bergfalte an der unteren Ecke anbringen..

14 Dampfschiff

1. Mit Grundform 1 beginnen.
2. Figur umdrehen, und wieder alle vier Ecken in die Mitte falten.
3. Wenden, und die gleiche Faltung dreimal wiederholen.
4. Von den insgesamt vier entstandenen Quadraten werden zwei sich gegenüberliegende Quadrate geöffnet und auseinandergedrückt.
5. Die übrigen Ecken, die noch am Mittelpunkt liegen, an der Spitze anfassen und auseinanderziehen. Dabei werden die beiden Schornsteine zusammengebracht, und das Dampfschiff ist fertig.

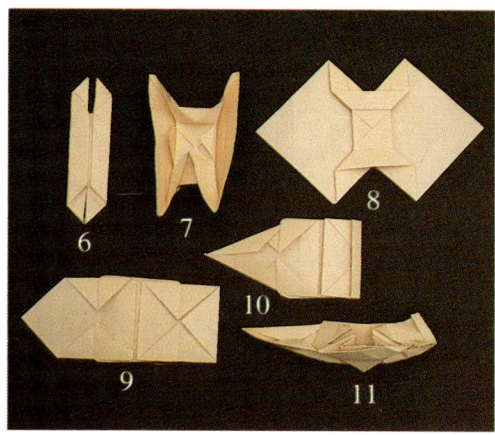

15 Dschunke

1. Ausgangsfaltung ist die Grundform 1.
2. Rechte und linke Seite zur Mitte falten.
3. Obere und untere Seite zur Mitte und das entstandene Quadrat diagonal falten. Diagonale Faltung wieder öffnen.
4. Spitzen an den offenen Seiten herausziehen.
5. Faltet man beide Hälften nach hinten, so entsteht ein Katamaran.

6. Bei 4 weiterarbeiten. Bergfalten an den Seiten.
7. Mit beiden Daumen die Figur von der Mitte her öffnen.
8. Obere und untere Taschen in die Breite ziehen und auseinanderdrükken. An den beiden Dreieckszipfeln die Figur in die Breite ziehen.
9. Wenden und Talfalten in den fünf Ecken anbringen.
10. Talfalten an den Spitzen und am Heck der Dschunke legen.
11. Talfalte im Mittelbruch legen. Das Boot an seiner Unterseite rechts und links außen festhalten und vorsichtig im Bogen nach oben ziehen.

16 Fisch

1. Bis Anweisung 5 des Samurai-Helms folgen.
2. Bergfalten in der Mitte legen, hinteres Dreieck fällt dabei auf die Rückseite.

3. Die Figur öffnen und die Seitenspitzen zur Mitte drücken. Das rechte Dreieck von der Mitte her bis zur Markierung oben und unten aufschneiden.
4. Die Schwanzflossen auffalten.

17 Krebs

1. Mit Grundfaltung 4 a anfangen, und der Anleitung zur Irisblüte bis Punkt 5 folgen.

2. Gegenbruchfalten nach außen und innen an den beiden vorderen Flügeln legen.

Bergfalten an dem kleinen Dreieck in der Mitte der Figur anbringen.

3. Gegenbruchfalten nach außen und innen an den beiden hinteren Flügeln legen.

Talfalte am großen unteren Dreieck falten.

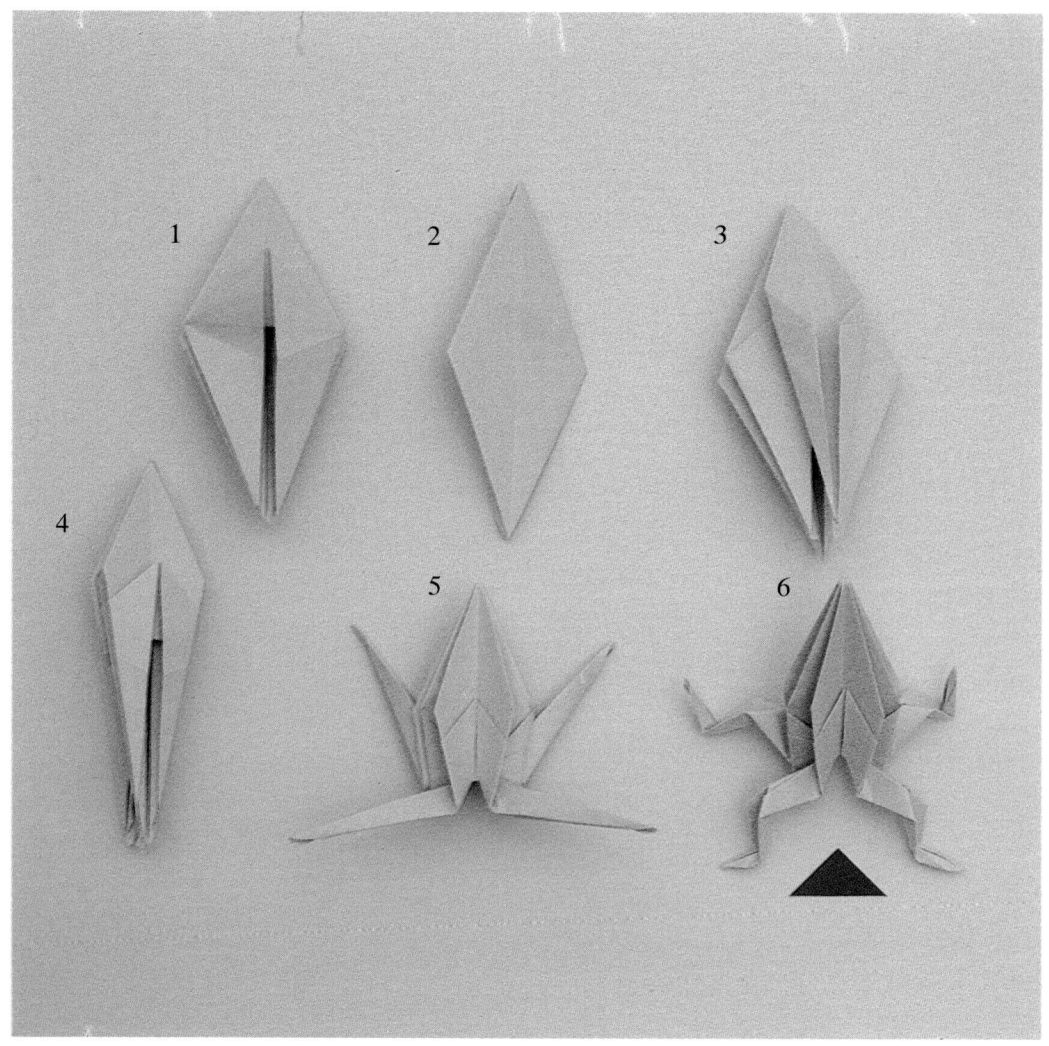

18 Frosch

1 Grundform 4 b falten. Offene Spitzen zeigen nach unten.

2. Vorderen rechten Flügel im Mittelbruch nach links und hinteren rechten Flügel ebenfalls nach links falten.

3. Rechte und linke untere Kante des Flügels an die senkrechte Mittellinie falten. An den anderen Flügeln Faltungen wiederholen.

4. Linke Hälfte nach rechts falten.

5. Die hinteren beiden Flügel durch Gegenbruchfalten nach innen schräg nach oben bringen.
Die vorderen Flügel durch Gegenbruchfalten nach außen formen.

6. Die Vorder- und Hinterbeine durch Gegenbruchfalten biegen.
Zum Schluß in die durch einen Pfeil markierte Öffnung hineinblasen.

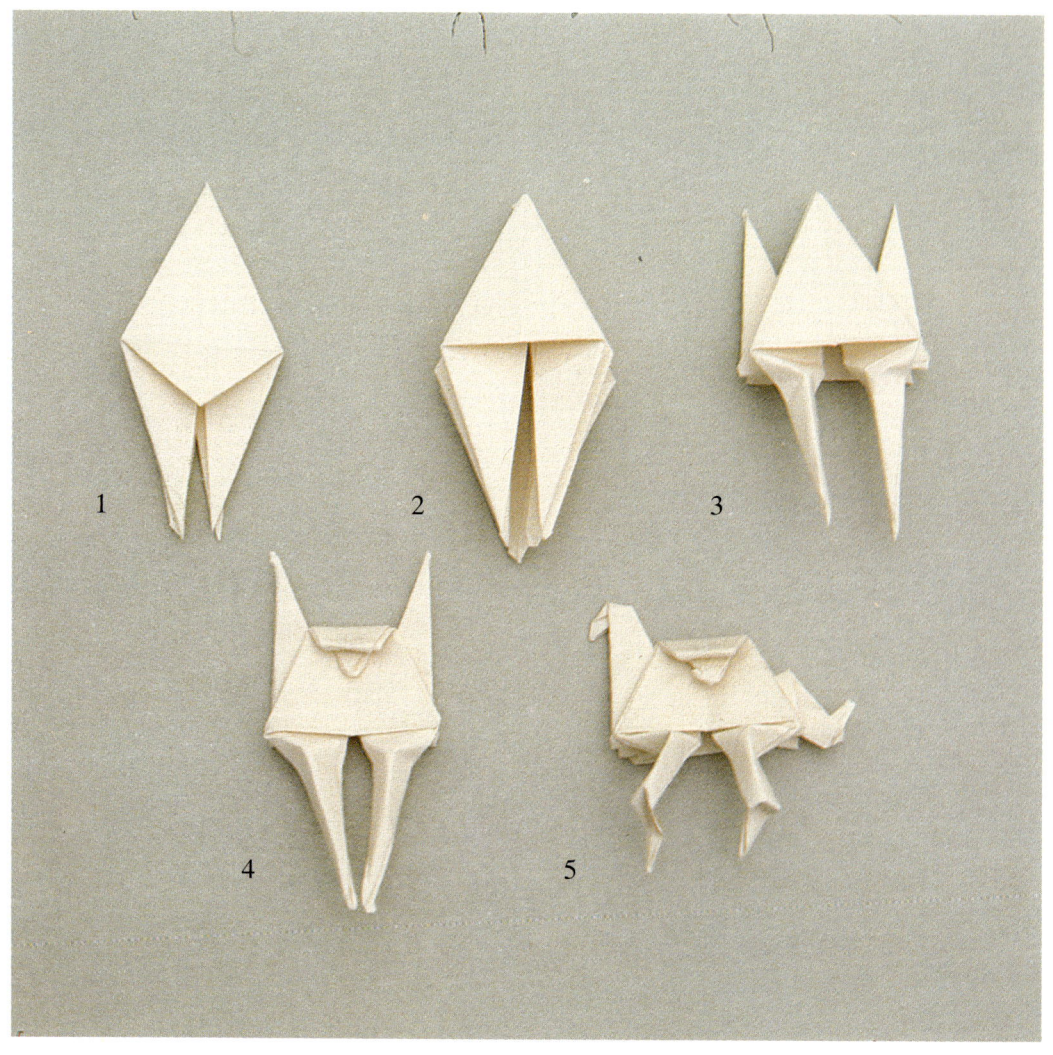

19 Affe

1. Mit Grundform 4 a beginnen und der Anleitung zur Irisblüte bis Punkt 5 folgen. Offene Spitzen zeigen nach unten.
2. Die vorderen Flügel leicht auseinanderziehen, und das mittlere kleine Dreieck durch eine Bergfalte in die Innenseite klappen. Auf allen Seiten wiederholen.

3. Die hinteren Flügel durch Gegenbruchfalten nach innen hochfalten. Die unteren Flügel, also die Beine des Affen, in der Mitte zusammendrücken.
4. Das obere Dreieck durch Talfalten im oberen Drittel nach unten bringen und nochmals in der Mitte herunterfalten.
5. Beine und Arme des Affen durch Gegenbruchfalten in die gewünschte Form bringen.

20 Hase

1. Quadratisches Blatt in der Diagonalen halbieren.

2. Die beiden außenliegenden Kanten an diesen Knick falten.

3. Talfalte und Bergfalte im oberen Dreieck legen.

4. Talfalte im Mittelbruch legen und rechte Spitze bis zum Pfeil einschneiden.

5. Hasenohren vorne und hinten nach oben falten.

6. Beine durch Talfalten formen.

7. Ohren leicht auseinanderdrücken.

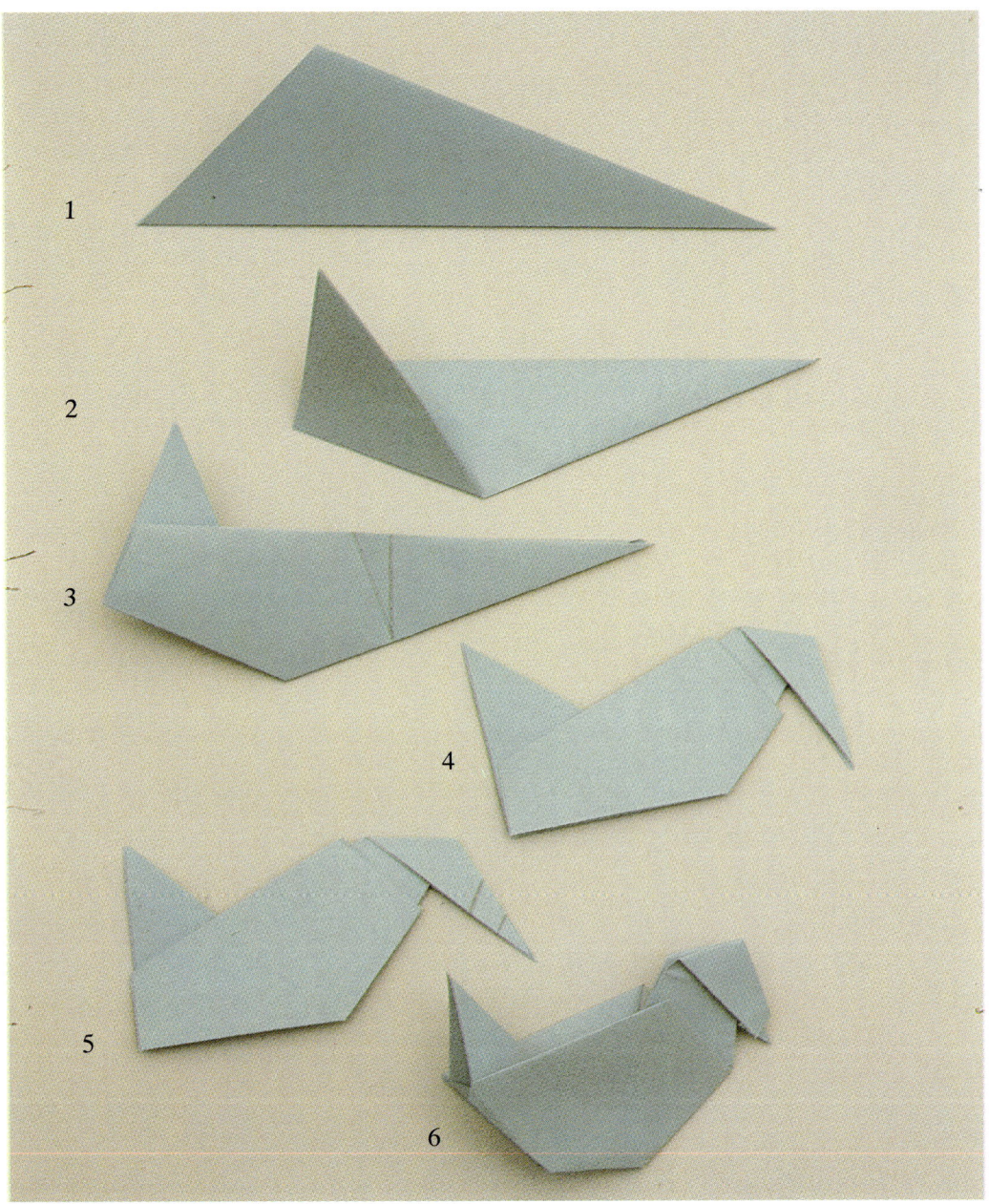

21 Mandarin-Ente

1. Bis Anweisung 2 der Form des Hasen folgen.

2. Durch Gegenbruchfalten nach innen den Schwanz der Ente falten.

3. An den eingeknickten Linien Gegenbruchfalten nach innen und wieder nach außen anbringen.

4. Gegenbruchfalten nach außen legen.

5. Den Schnabel in den angegebenen Linien zuerst nach innen und dann nach außen falten.

6. Bergfalten an der linken Spitze vorne und hinten falten.

22 Schmetterling

1. Quadrat wird in der Diagonalen gefaltet, so daß eine Dreiecksform entsteht.
2. Dreieck halbieren.
3. Obere und untere Dreiecke halbieren, indem sie jeweils entlang der Mittlinie nach außen gefaltet werden.
4. Talfalte legen.

5. Die beiden Seitenflügel entlang des entstandenen Bruches nach außen falten. Den mittleren Flügel bis zur Markierung (Pfeil) einschneiden.
6. Talfalte falten und wieder öffnen.
7. Flügelpaar auseinanderklappen. Gegenbruchfalten nach innen am Kopf des Schmetterlings anbringen.
8. Untere Spitzen der Flügel nach hinten falten.

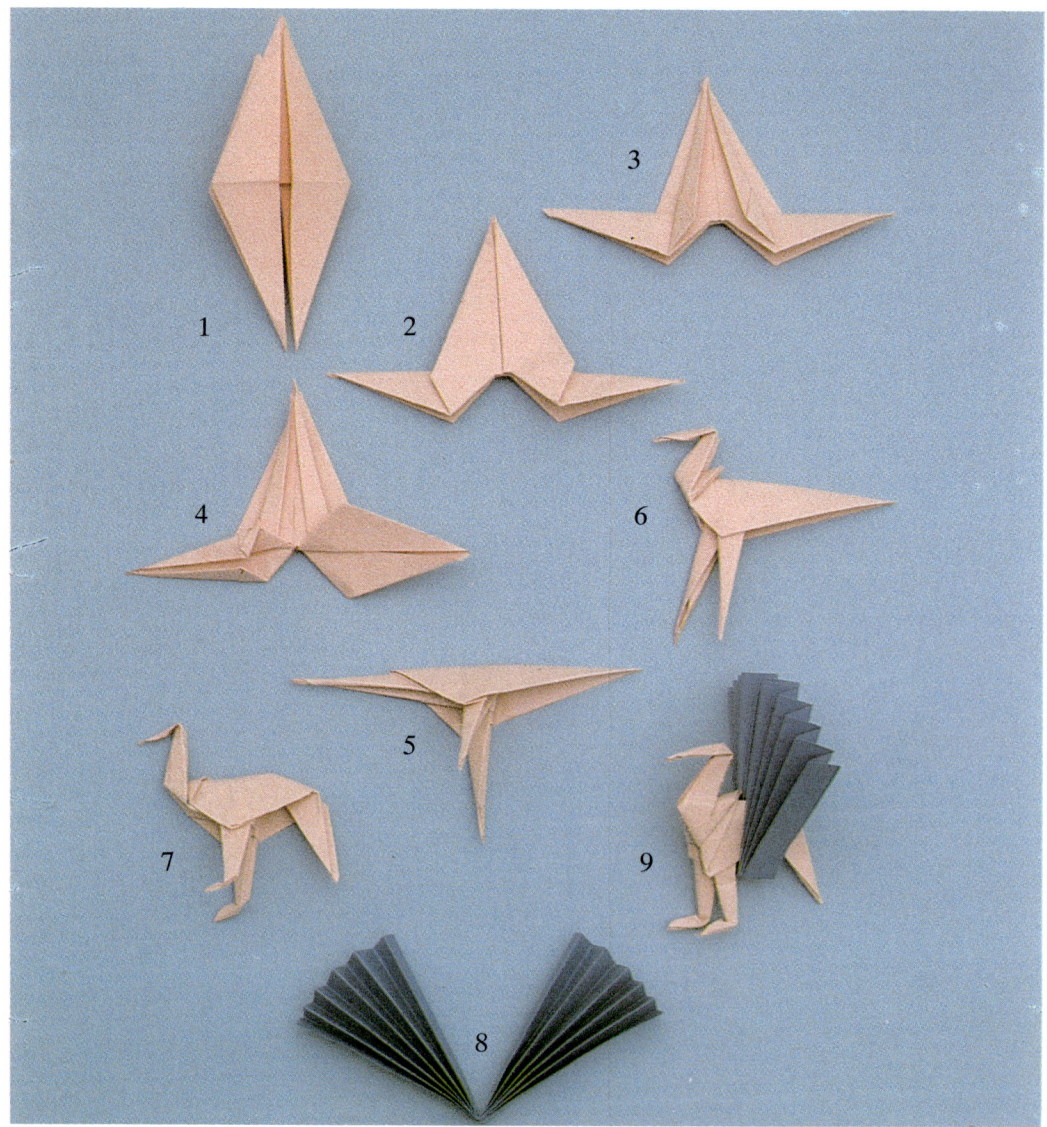

23 Pfau

1. Mit Grundform 4 b beginnen, offene Spitzen zeigen nach unten.

2. Gegenbruchfalten nach außen bei linkem und rechtem unteren Flügel legen.

3. Talfalten an den Kanten des oberen vorderen Flügels anbringen.

4. Rechten und linken Flügel an vorhandenem Bruch aufklappen (siehe Abbildung rechter Flügel). Danach durch Talfalten beide Flügel verschmälern (siehe Abbildung linker Flügel).

5. Hintere Spitze nach unten falten und die Figur im waagerechten Mittelbruch zusammenklappen.

6. Gegenbruchfalten nach außen und innen bilden den Hals des Pfaus.

7. Der Schwanz des Pfaus entsteht durch Gegenbruchfalten nach innen. Die Füße werden durch Gegenbruchfalten nach außen geformt.

8. Quadratisches Papier in Ziehharmonika-Form falten.

9. Das Pfauenrad ankleben.

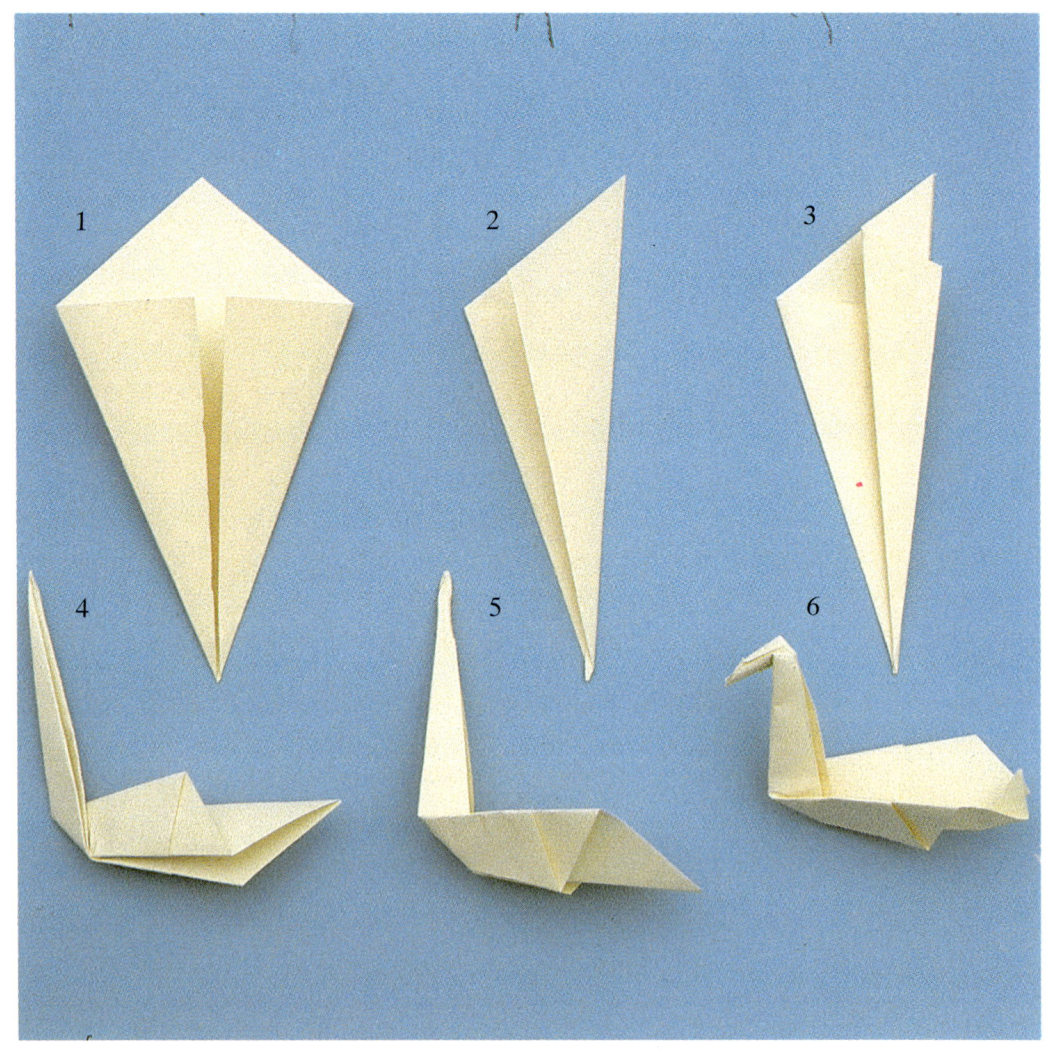

24 Schwan

1. Der Faltanleitung zur Figur des Hasen bis Punkt 2 folgen.
2. Form im senkrechten Mittelbruch zusammenklappen.
3. Talfalten vorne und hinten legen.
4. Linke Spitze nach oben falten und wieder zurückklappen.
5. Gegenbruchfalte nach innen legen.
6. Mit Gegenbruchfalte nach innen den Schnabel bilden.

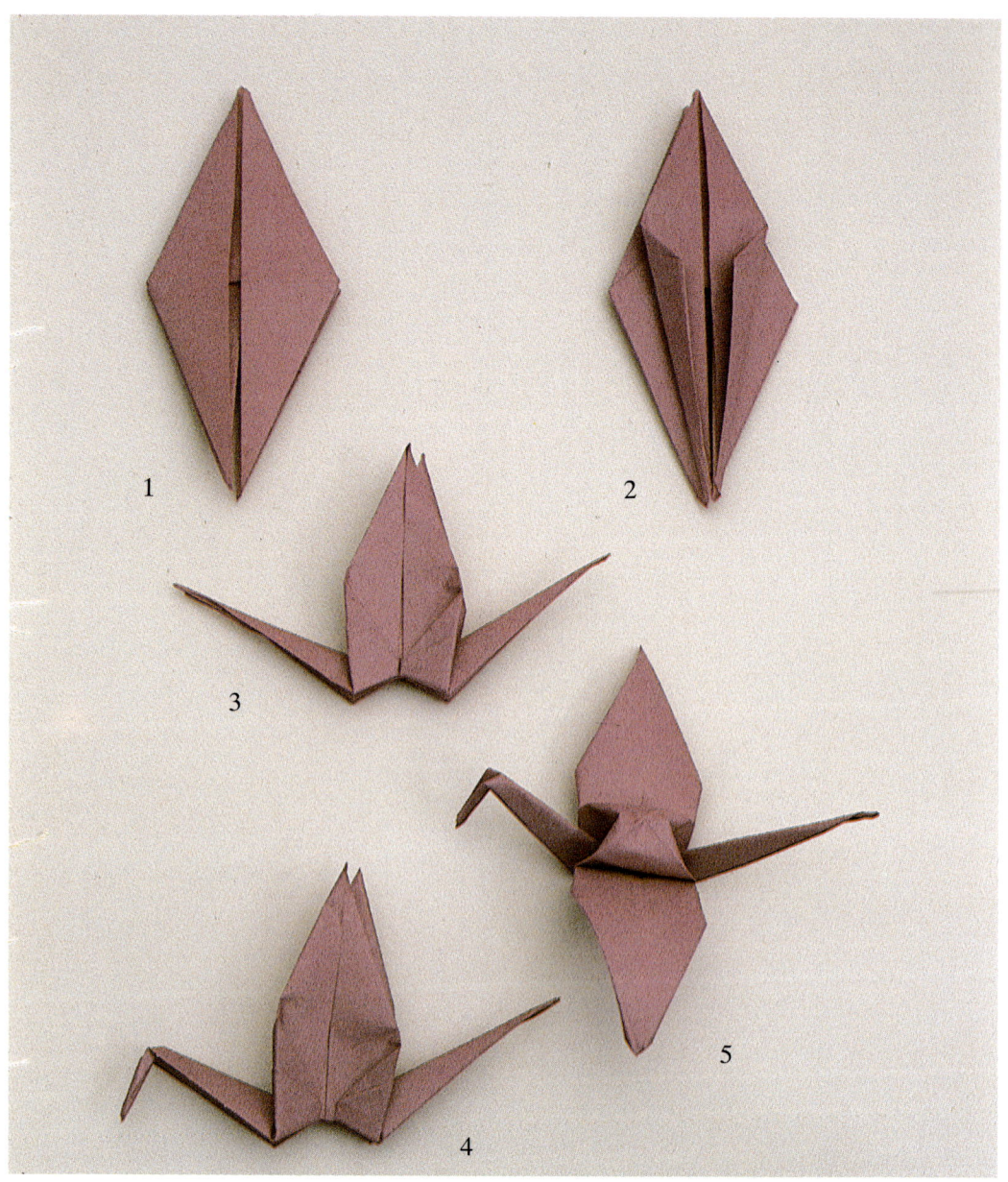

25 Kranich

1. Grundfaltung 4 b falten.
2. Links und rechts die unteren Seitenkanten zur Mittellinie falten. Faltvorgang auf der Rückseite wiederholen.

3. Gegenbruchfalten nach innen bei beiden unteren Flügeln anbringen.
4. Durch Gegenbruchfalten nach innen entsteht der Schnabel.
5. Das obere Flügelpaar vorsichtig auseinanderziehen.